Sinceritas

Verlag Heilmann

Heinz-Peter Heilmann

Gedankenworte

Die 2. Auflage

Bibliografische Information durch die Deutsche
Nationalbibliothek: Die Deutsche Nationalbibliothek
verzeichnet diese Publikation in der Deutschen
Nationalbibliografie; detaillierte bibliografische Daten sind
im Internet über http://dnb.d-nb.de abrufbar.

ISBN 978-3-9814011-0-3

Copyright (2010) Sinceritas – Verlag Heilmann
Alle Rechte beim Autor
Hergestellt in Deutschland (EU)
www.sinceritas-neckarsteinach.de
Euro (D) 9,90

Allen, die an mich glauben.

In erster Linie
meiner Partnerin Alexandra,
meinen Eltern Ute und Matthias,
und meiner Oma Inge.

Inhalts- und Gedichtverzeichnis

I. Späte Frühwerke oder sprachliche Selbstfindung (1996 – 1998)

II. Philosophische Gedankenwellen in Erzähllyrik (2004)

III. In Form gegossene Sprachklumpen (2005 – 2006)

IV. Wortmalereien (2006 – 2007)

V. Gedankenworte (2007)

VI. Lichtgedanken (2008 - 2010)

Vorwort zur 2. Auflage

Liebe Leserinnen und Leser,

seit ich vor mehreren Jahren die erste Auflage dieses Buches veröffentlicht habe, hat sich einiges getan.

Schrieb ich anfangs nur für mich und mein unmittelbarstes Umfeld, so haben mich meine Familie und einige gute Freunde in einem langwierigen Überzeugungsprozess damals zum Veröffentlichen in Buchform überredet. War ich am Anfang noch unsicher, ob ich die nötigen Leser finden werde und ob meine Werke überhaupt bei den Menschen ankommen würden, so wich diese Unsicherheit schon nach kurzer Zeit überraschtem Staunen. Es war wirklich überwältigend, wie viele Menschen sich europaweit für die von mir verfassten Gedichte interessierten, mein Buch erwarben, sowie auf meiner Internetseite zu Gast waren und sich dort lobend im Gästebuch eintrugen.

Noch immer erhalte ich wunderbaren Zuspruch, egal ob durch Gästebucheinträge, Emails, Briefe oder persönliche Begegnungen. Ich versuche jede Stimme, die mich erreicht zu beantworten und freue mich jedes Mal, auf welche Weise Gedichte auf die Menschen wirken und welch verschiedenartige subjektive Interpretationen dabei herauskommen. Eine junge Leserin schrieb mir einmal sogar per Email, dass sie bei schlechter Laune gerne mein Buch zur Hand nehme, darin schmökere und dass es ihr dann besser gehe. Ein wunderschönes Kompliment, das mich sehr gefreut hat.

Oft werde ich auch gefragt, ob ich nicht vorhabe, das lyrische Schreiben zu meinem Beruf zu machen. Dies muss ich gegenwärtig mit „Nein" beantworten und der Grund dafür ist auch ebenso einfach wie schnell erklärt. Momentan habe ich am Schreiben von Lyrik sehr viel Spaß und ich bin keine Geisel irgendeines Erfolgsdruckes. Wenn ich Lust habe und die Muse mich beehrt, dann schreibe ich. Und wenn dem nicht so ist, dann ruht meine Feder im Tintenfass. Dieses schöne Hobby einem auf Broterwerb ausgerichteten Erfolgsdruck unterzuordnen, das widerstrebt mir und würde mir vielleicht auf Dauer auch den Spaß an der Sache nehmen.

Im Rückblick auf die letzten Jahre kann ich festhalten, dass es eine wunderschöne literarische Zeit war, die mir sehr viel Freude bereitet hat. Sei es durch das Schreiben selbst, sei es durch das Beantworten von Briefen und anderen Impulsen, sei es durch persönliche Gespräche oder einfach nur durch kurze angenehme Begegnungen mit Menschen, die sich für meine Lyrik interessieren.

Ich habe mich entschlossen, den vorliegenden Gedichtband zu ergänzen, zu erweitern und zu überarbeiten. Herausgekommen ist die vorliegende zweite Auflage, welche inhaltlich die komplette erste Auflage enthält und um viele neue Werke erweitert wurde.

Ich wünsche Ihnen mit dem vorliegenden Gedichtband gute Unterhaltung und viel Freude! Kommen Sie mit auf eine lyrische Reise, auf der wir vielleicht ein Stückchen Enge erweitern können

Ihr
Heinz-Peter Heilmann

I. Späte Frühwerke oder sprachliche Selbstfindung (1996 – 1998)

*Mischformen zwischen
Epik und Lyrik*

Erstling

Ungewissheit,
ob Zuneigung sich spiegelt
verzerrt
die Situation
mehr und mehr.

Hoffnung und Traum entstehen.

Erwartung ist Augenblick.

Weg

Ein langer Weg,
zu den Großen,
eine Brücke ohne Sicherung.

Gleichgewichtsverlust?

Langes Stehenbleiben
ist hinuntergestoßen werden,
von Überholenden.

Nur eine Sache des Glücks?
Jeder Schritt eine Herausforderung,
auf den Abgrund zu,

näher kommend
solange man nicht nach unten blickt,
vorwärts schauend,

den nächsten Schritt wagen.

Jahreszeitenwechsel

Zeitloses tritt er in die Mitte,
das Bild zum Bersten bringend.
Laub fällt herab,
die Decke der Erde zu schließen.

Nach oben blickend
ergreift ein Spross die Melodie
im aufspielenden Frühling.

Sicherheitsdefizit.

Nutze
die Zeit des Schlafes
bevor
Du erwachst,
aber bedenke
den Traum.

Er könnte
Dein Gegner sein.

Negativ?

Gedankenblitze schwirren
leicht berührend
an mir vorbei.

Unsagbar.

Hoffnung löst das Siegel des Traumes,
dass ich in den Spiegel zu blicken vermag,
ohne darin die leeren Augen zu sehen,
die das gemachte künstliche Bildnis
nur von hinten betrachten mögen.

II. Philosophische Gedankenwellen in Erzähllyrik (2004)

Verloren im Normativen

Erkenntnisausflug

Wahre Erkenntnis erreicht nur der, der die Kraft und den Mut hat, auch zur eigenen Überzeugung konträr stehende Meinungen ihrer gebührenden Würdigung zu unterziehen, dem Andersartigen respektvoll gegenüber zu treten und die Meinung anderer – sei sie in den eigenen Augen auch noch so falsch – nicht zu negativieren. Denn Meinungen können nie in ihrer Gesamtheit falsch sein, höchstens Teile Ihrer Begründungen. Die Überprüfung dieser Begründungen setzt das eben genannte voraus und verbietet, ohne sich selbst ad absurdum zu führen, eine ungeprüfte Negierung des anderen Standpunktes oder eine Absage der dialektischen Diskutierbarkeit des Ganzen. Auch wenn sich in der Quantität der Begründungen die einzelnen Meinungen unterscheiden, so sind sie doch qualitativ für den Gewinn von Erkenntnis alle von gleichem Gewicht. Die ständige Überprüfung stärkt den eigenen Standpunkt, die absolute Wahrheit kann niemals erreicht werden, eine asymptotische Annäherung dagegen ist das erstrebenswerte Ziel. Diesem Ziel kann man sich nur annähern, wenn konträre Meinungen und Standpunkte gewürdigt werden, denn kein Inhalt kann einer entsprechenden kritischen Auseinandersetzung unwürdig sein. Ein Standpunkt der als feststehend betrachtet und dessen ständige Überprüfung als unnötig angesehen wird, kommt einer Ideologie eher näher als einem Standpunkt. Ständige *ungefilterte* Überprüfung ist der Schlüssel zum Erkenntnisgewinn.

Menschlicher Respekt

Respekt erlangt man in einer modernen Welt nicht durch seine Geburt oder seine soziale Stellung im Gesellschaftsgefüge und schon gar nicht durch das Alter. Richtiger Respekt wird allein durch Taten erlangt. Denn insbesondere dessen Taten kennzeichnen und beschreiben ein Individuum im Hinblick auf seine Eigenverantwortlichkeit. Verdient auch die die Taten betreffende Motivation Respekt, so kann man – ohne sich in besagter moderner Welt zu schämen – von Ehrenhaftigkeit oder Redlichkeit sprechen, der historisch angehauchte Nostalgiker vielleicht sogar idealtypisch von Tugendhaftigkeit oder Ritterlichkeit.

III. In Form gegossene
Sprachklumpen (2005 – 2006)

Jonglieren mit Worten

Stagnation

Große wellende Wogen,
stumme Zeugen
der Situation.

Ungewissheit des Fortgangs?
Vergessen der Werte?
Oder nur Wechsel, wie sooft?

Lichter der Zuversicht,
als Logik des Systems,
versunken im Gesamtmantel
des Graus jener Ungewissheit.

Leuchten kann Licht allein,
Sehen empfiehlt sich
als erster der zahlreichen Schritte,
die einer Lösung bedürfen.

Weitergehen?!

Apostroph der Mündigkeit

Ist Kunst wirklich Konvention
oder einfach Geschmackssache
im subjektiven Mantel?

Unverdünnte Anmaßung,
zu beurteilen,
was gefallen muss?

Sind Augen untrügbar wertend,
erste Anlaufstelle der Sinne,
keiner schablonierten Vorfertigung
bedürfend?

Negationen formen uns
zu leblosen Schablonen,
Ermangelung der Individualität eine
völlige Leere
als vollste Erscheinung.

Geordnete Lebensmajuskel

Der Marsch der Zeit hat
Begonnen und bringt die
Wiederkehr der Zeitenwende,
Meiner Zeitenwende, die
Ähnlich einem endenden Beginn
Auch als Anfang gewertet werden kann.

Ein Punkt, der eine Zäsur markiert
Stellt eine Notwendigkeit dar,
Deren Wichtigkeit Unvergleichliches
sucht,
Nicht aber finden kann, ohne sich
Selbst in Frage zu stellen.

Stifte schrieben die betreffende
Linie dünner, bis sie
Sich selbst nicht mehr zu kennen
Vermochte, noch beherrschte
Funktionen, als Teil mechanischer
Wirklichkeit, in ihrem inneren Ablauf
Ausführen konnte.

Zählbar allein ist das Bildnis,
Begriffen,
Weil ich und die Meinen
Zu begreifen bereit, sowie
Begriff und Begrifflichkeiten
Zu verstehen
In der Lage waren.

Schwere Anfänge lohnen sich
Selbst mehr als der leichte Schluss,
Der jeden Sinn
Entstellen würde.

Geliebte Pflanzen

Exoten vermischen
die Farbe des Augenblicks
zu fernen Berührungen, verringern
die Leere eines unbekannten Raumes,
der die Sehnsucht beherbergt.

Keine menschliche Sehnsucht, eher
Gedanken unmoderner paradiesischer
Freiheitsträume, teilweise bereits
in kindlichen Köpfen
fein schraffiert.

Prächtige Idyllen begleitender Gedanken
umrahmen ferne Ziele,
eine träumerische Unerreichbarkeit,
deren Nähe vollkommen erscheinen kann.

Einen Schutz bieten

Einen Schutz bieten
Deine Augen,
wenn Du sie geschlossen hältst.
Doch Dein geistiges Auge
vermagst Du nicht zu schließen,
noch dessen Tränen
zu trocknen.

IV. Wortmalereien (2006 – 2007)

Formvollendet formlos

Fallender Wassertropfen

Ein fallender Wassertropfen
vereint Farben in sich,
ohne Gestriges zu sehen
im Spiegel der Oberfläche,
die das Haar ergrauen lässt,
ohne eine wirkliche Krone
zu schaffen.

Zeitkürze verdeckt Schönheit, doch
die Augen sind vermögend und
fähig Länge zu schaffen.

Ganze Leben
in einem fallenden Wassertropfen,
der über das Herz rinnt,
das wahre Auge, in dessen Mitte
der Wassertropfen sich spiegeln
kann.

Reh im Oktober

Versucht ein Reh
im Oktober zu streicheln,
welches die Farben des Goldenen
mit sich führt.

Reich war ich,
als das Reh mich anblickte
ohne schwärzende Angst
in den goldbraunen Augen,
so dass wir verschmolzen
und diese Berührung
mir wahren Reichtum bescherte.

Unwissend

Das sich selbst
flechtende Geflecht
erkennt die Notwendigkeit
des Maßes.

Es weiß genau,
welches Stück zu wählen ist.

Es weiß nicht,
ob es dieses auch wählen wird.

Ungewiss,
denn es bevorzugt Leben
vor reinem Existieren,
so würde es,
im Falle der Möglichkeit,
die Ungewissheit vorziehen.

Aufrechter Minimalismus

Erkenne die Furcht an,
sprach die Maus,
besiegen kannst Du
sie nicht,

aber anerkennen.

Die Anerkennung aber
die kann siegen.

Fernweh

Wünsche nach Ferne motivieren
Geist und Fertigkeiten,
eine Traumwelt unter Palmen,
deren wiegende Blätter und der
Wind über feinkörnigem Sand,
einen Zauber zeichnen,
der der Gegenwart innewohnt.

Bilder motivieren Sehnsucht
mit den gemalten Händen,
greifen in die Gedanken,
erschaffen Wünsche,
mit ausgestrecktem Arm
fast greifbar.

Seelenreflexiv,
fortan
den Nektar des Bildes
als Kraftquell trinkend.

Stetigkeit der Uhr

Die Uhr als Symbol
von Freiheit bewahrt
sich den eigenen Charakter,
der Unweigerlichkeit
des Fortgangs, ohne Gleiches
je wieder zu sehen.

Stetigkeit ergänzt
das Rund des Ziffernblattes,
lässt dessen Ziffern
als einzelne erkennen,
immer mehr

und die Sekunde wird hörbar.

Möglichkeiten

Helligkeiten der Ebene erleichtern Wege
durch das Dickicht der Emotion
eines ständigen Auf und Abs,
welches die Ähnlichkeit zum
Mondverhalten
gegenwärtig werden lässt.

Nivellierungen der Krater mit
einhergehender
Spannkraft des Organischen stellen Ziele
                                        dar,
denn auch der Mond war erreichbar
und wurde Untertan.

Voraussetzungen vorhanden,
steuernde Fähigkeiten gegeben,
doch nichts fährt –
nichts fliegt allein.

Es braucht
ein Ich.

Herbstblick

Der Blick aus dem Fenster zeigt
stille Bewegung
tanzender ruheloser Blätter,
denen die Entscheidung zwischen
spätsommerlichem Verharren und
herbstlichem Pflichtbewusstsein
nicht ganz gelingen mag.

Farbige Freude
des leichten Tanzes ergibt
einen Rhythmus
der bewegten Stille und

die Seele öffnet sich
empfindsam.

Lyrik

Sich in der Schönheit
der Sprache
zu verlieren,
sich in ihr zu bewegen,
offener Raum
in alle Richtungen,
physikalische Gesetze
außer Kraft gesetzt,
schwerelos,
Farben jenseits
konventioneller Vorstellungen,
schrankenlos,
unterschiedslos eingehüllt,
weich gebettet,
schwebend lächelnd, weinend,
gedankenlos empfindsam,

erfüllt.

Struktur bleibt

Treibender Widerstand manifestiert
sich stetig,
dem Gehen die Flächen entziehend,
Wegmarkierungen verwischend,
Irrlichter entzündend,
Leuchttürme ertränkend.

Dem Gemalten lässt sich aber
keine andere Struktur aufzwingen,
sitzt diese doch tiefer
auf der Oberfläche
stets aber erkennbar
auch wenn das Oben
sich ändert.

Vielleich mit weniger Intensität
aber doch stetig.

Flügelschlag der Engel

Vom Himmel fallende,
sich wiegende,
tanzende,
sich drehende
Samen wirken manchmal,
je nach Lichteinfall,
wie Federn.

Leicht und unbeschwert,
rein,
zart und verletzlich.

Dem Flügelschlag
eines himmlischen Engels entstammend
dessen Begleitung
als greifbare Chance sich zeigt.
Das Greifen ist oftmals vergeblich,
ebenso wie bei den fallenden,
tänzelnden Samen,

was jedes Kind schon weiß.

Siege über sich selbst

Geschenkte Ritterlichkeit, gewandet
im Mantel der Rache,
erkennt,
dass selbige als der
Genugtuung böse Schwester
den Weg falsch beeinflusst
und zum Irrweg degradiert.

Vergebung und Sanftmut
lehrt die Knospe der Schöpfung,
einhergehend im Hause des Siegens.

Und das Schöne daran,
so sehr die Besiegten sich wehren,
verlangt ihr Haupte danach,
sich zu senken.

Vereinte Tugend
eines wahren Ichs.

Lesen lernen

Wesentliches und Wichtiges
steht zwischen den Zeilen
in einer Sprache,
die niemand lehrt,
keine Schule unterrichtet,
kein Lehrbuch beschreibt.

Verstehen geht
unterschiedslos
mit Fühlen einher,

mit gefühlten Wörtern,
soviel mehr als Sprache,
wesentlich mehr Wichtiges.

Also lies,
mein Kind!

Obdachlosenheim

Gestaltene Charaktere
seltsam vernarbt, geschunden,
gezeichnet und bemalt,
besetztes Blut, geschunden,
die Hölle gesehen.

Stetig sich wechselnd, die
Symptome sind gleich,
Gesichter ähneln und
wechseln sich
ab im Gewirr
der Kontinuitäten.

Nur die Namen
ändern sich, manchmal
nicht mal die.

Obdachlosenheim II

Blecherne Stimmen
im geborgenen Schein,
begleitet von Augen,
leer und doch sprechend,
so dass Bücher sich füllen ließen.

Die Hand ausstrecken
und damit loben,
ein Stückchen Enge erweiternd
sollte man so versuchen,
Unterschiede zu deuten,
ohne alles den Augen zu überlassen.

Das ist tiefer,
Unterschiede denkbar klein
und doch können sie
besagte Bücher füllen.

Wenn Träume zu Menschen werden

Wenn Träume
zu Menschen werden könnten,
was würden diese dann träumen,
sofern sie den Schlaf befreien?

Interessante Frage,
endlos,
lassen wir es
darauf ankommen,

Schlaf?

Wahllos determiniert?

Schneisen, die eine Mauer
durch Vorstellungen ziehen
erkranken an der Sühne
der Wirklichkeit,
an der man entlang läuft
ohne seine Richtung zu ändern.

Mauern an beiden Seiten der
Richtung bedingen einander
ohne sich je zu berühren.

Der Gang geht immer gerade aus,
stets nur gerade aus,
wie gesetzte Mauern
Dich lenken.

Bist Du die Mauer?

Eine andere Welt in der Wirklichkeit

Eine Welt
in der Wirklichkeit,
nicht für alle sichtbar.

Wer sie sieht, vermag
sie zu verstehen,

wie Automatik.

Hände
durch die Luft gegeben,
gefangen im Sein,
erstreben in jener Welt
sich zu verlieren,
das Einhorn zu finden,
sein Fell zu berühren
und dadurch alles Unwirkliche
als Freund zu betrachten.

Erwartung als Symbolik

Folge der Stimme
des einsamen Vogels
begutachte, wie er die Luft
sich zum Freunde macht,
mit all seinen Federn
durch die Windungen
eines unverhüllten Frühlings.

Hat er das Meer gesehen,
sieht er es immer,
begleitet vom Duft des Natursalzes,
dort endend, wo das Meer anfängt
zu enden. Immer wieder
mit verwaschenen Grenzen,
fein verwoben,
dass eine Trennung
beides zerstören würde.

Genau das weiß der einsame Vogel
im Tropfenwind,
wie sehr der Flug
ihn ermüdet,

ohne zu wissen,
dass Wunden nicht mehr
verbunden werden müssen
und der Vogel
nicht nur Symbolcharakter hat.

Landet er und
nimmt den Zweig
von mir sehnsüchtig entgegen,
berühren seine Augen die meinen,
sehen nicht nur deren Leere
und wir wenden uns zufrieden
neuen Dingen zu,
ganz ohne Erwartungen.

Sehen

Wenn Du
die Sonne leuchten siehst
sagen sie,
hast Du alles gesehen.

Nein, sage ich.

Wenn Du die Sonne leuchten siehst,
hast Du nur verstanden
und beginnst erst
zu sehen.

Schönheit der Ferne

Schönheit der Ferne
gepaart mit Unerreichbarkeit
lässt Träume sich vergnügen

und zum kindlichen Sturm erquickend
neue Traumgebilde entstehen.

Greifbar nahe!

Verhüllte Wörter

Verhüllte Wörter,
ihrer Hüllen entledigt
offenbaren klare Sicht
des gleißenden Tages,
den Nebel unbrauchbar machend
und jedes Muster entschnörkelnd.

So lasse ich die Wörter
in ihren Hüllen,
so sehr die Bedeutung dadurch
unendlich
(un)durchsichtig verschwimmt.

Gedankenwege

Gedankenwege,
verschlungene und
verwinkelte Ziele zeichnend,
führen an Gegenden vorbei,
die mir manchmal
fremd erscheinen.

Schreite die Wege ab,
bis zu den Wolken,
ohne vergessen zu sein
in der schweren Mathematik
offener Richtungen.

Melodie des Windes

Die Melodie des Windes
zu spüren,
mit den Augen des Herzens
zu sehen
umgräbt nicht tosende Unruhe,
noch Erschütterung,
sondern lässt die unruhige Hand
über samtige Blätter fahren,
deren Kälte spüren
und erkennen,
dass es ein warmer Sommerabend ist.

Der Blick richtet sich nach oben,
lässt zwischen
tänzelnden Palmblättern Blau erscheinen,
das sich grün im Meer spiegelt,
während der Sand unermüdlich
durch die Finger gleitet und
Schlangenlinien formt,
die meines Gesichts Lächeln ähneln.

Vergessene Wege

Vergessene Wege
immer wieder
neu
entdecken.

Dem Strom
der Zeit die Hand
hinhalten bis er trinkt.

Vergessene Wege,
endliche Suche,
gefundene Strecke
als Meilenstein
markiert.

Erinnerung.

Wispern

Wer am Herzen hört
vernimmt Melodien
des lebenden Seins,
spürt Bäume wachsen,
Lichter sich erheben und
Felsen zu Tränenmeeren werden.

Alles
in ewiger Ebbe.

Umlauf

Rundmetall,

lange Wege erlebt,
durch viele Hände
gewandert,

gleich
in Form,
Wert und Symbolik,

jedes Mal
ein klein wenig
mehr
erkennbar in sich selbst.

Feder und Wort

Golden silbrig
auf mattgelbem Papier
gleitet meine Feder
über grobe Strukturen,
schwungvoll
wie von alleine.

Zeichnet Formen,
die Sinn ergeben,
schreibt Worte
die berühren,
fertigt sich in Herzen
kerbende Sätze.

Rot glühend geschmiedet,
gegossen in Formen
aber doch einzigartig,
jedes für sich ein

handwerkliches Meisterstück

wie die Feder

der sie entstammen
und Feder

ist auch nur
ein Wort,
ein einziges Wort.

Martin von Tours

Den Mantel geteilt,
Stoff zerschnitten,
frierende Haut bedeckend
das Leben bewahrt.

Den Himmel genährt,
Schnee entzündend
sich hingegeben,
im Winter
Rosen zum Blühen gebracht.

Der Menschlichkeit Recht getan,
Gottes größtes Geschenk geehrt,
Lippen zum Lächeln bewogen
in kalter Not.

Die Mehrheit der Menschen verlassen,
einsam herausgetreten aus der Menge.

Qualifizierungen

Ein glücklicher Mensch
schließt die Augen
und sieht die Realität
im Traum.

Der Traurige
etwas viel
schöneres.

Arm der,
der nichts sieht.

Fehlversuch

Der Sonne nähernd zu hoch geflogen,
bis sanft die tragenden Federn
dem Feuer sich ergaben &
die Unerreichbarkeit des Himmels
gegenwärtig wurde.

Die Luft teilend,
Warnungen mit stolzem Gefieder
verwischt,
dominiert von der Sehnsucht
mit dem gleißenden Rund
auf Augenhöhe zu sein.

Unerreichbarkeit verbannend
das Feuer brennenden Himmels berührt,
das Augenlicht der Welt gesehen,
fast versunken,
beinahe Eins geworden.

Augenblicke,
nicht ausschöpfbar,
die fehlende Duldung

des Himmelkörpers verkannt,
den zustehenden Platz
in der Tiefe
unsanft lodernd zugewiesen bekommen,
durch die Kraft des zerstörendsten
aller Erdenelemente.

Die Rufe des Vaters,
getragen von verbündeten Winden,
in den Fluten unhörbar,
zerschellten am Gebirge der Eitelkeit
und ertranken
im Meer des Größenwahns.

Sandspuren

Am Meer des Lebens,
die eigenen Stationen
Revue passierend,
entlang gelaufen.

Lebensbilder betrachtet.

Zwei Fußspuren,
den Sand zeichnend,
die einen Abdruck meiner Selbst,
die anderen die Seinen,
Seit an Seit mit den Meinigen.

Doch in düsteren Stunden
nur die Meinen

Allein.

Ungläubig fanden meine
tränengetrübten Augen
Seine Herrlichkeit
nach dem Warum fragend.

Mich mit seinen starken Armen
Behutsam
in den warmen Sand
neben seine Spuren
setzend,

sprach er keine Silbe,
lächelte nur
und ich
verstand.

Zeit

Zeit webt den Teppich
des sich im Traum
verarbeitenden Musters
meiner selbst,

öffnet
mit Himmelsbewegungen
langsam die Kelche
der Rosen des Herzens,

auch wenn Narben
stets sichtbar bleiben
in den Gezeiten
des Wandels
eines immer wieder
und immer wieder
neu austreibenden Grüns.

Weit

Sämige Tropfen
wandern über Hautgräben,
Wind lässt den Zitterkörper frösteln,
Augen beherbergen Blutnässe &
Krüppelhände greifen nach einem Halt.

Vergeblich,
denn Du stellst wenig erstaunt fest,
dass der Boden längst
nicht mehr trägt.

Das Haupt senkt sich,
die Leere umfassend
wo einst Leben war.

Was passiert ist,
beginnt man sich zu fragen,
die Erinnerung durchkämmend,
tief bis zum Anschlag,
doch auch dies
ist ohne Gedeih.

Weit,
sehr weit,
sehr weit weg
in der Stille

verloren.

Nachtberührung

In der transparenten Scheibe
sich spiegelnde Wirklichkeit.
Das Summen der Prozessoren
begleitet vom rhythmischen Uhrenticken,
versüßt von kaltem Kaffee und
braunem Zuckerwasser im grünen Becher
lässt mich den vollen Schreibtisch
vergessen.

Meine müden Lider erstarken
auf der Reise durch die virtuelle Welt
unter dem heiligsten aller Zeichen
mit Blick auf die aufgehende Sonne
unter Wolken.

Alles,
während die Minuten
auf der Digitaluhr
langsam verstreichen.

Freigegeben

Einmarschiert
in grau-grün,
die Sieger –
Übermacht gegen eines,
unzählbare Fronten.

Kinder gequält, Frauen geschändet,
Schuld der einen als Begründung
für Handlungsfreiheit im Mantel
einer neuen Gerechtigkeit.

Schuldig auf Ewig
die einen,
Methoden geändert,
Physisches weicht
Psychischem,
Kontinuität im Krieg
als kostümierter Friede.

Späte Rache,
Kalkül,
anders und doch gleich.

Gereimtes Wortmotiv

Lange Zeit bin ich`s gewesen,
der da schrieb zur Morgenstund`,
viele haben auch gelesen,
die Zeilen, ich tat ihnen kund.
Was will ich denen sagen,
frag ich mich zur Zeit ganz oft,
meine Gedanken zu den Menschen tragen,
dass sie verstehen hab ich gehofft.
So ist das, was ich schreibe,
motiviert, von tiefem Sinn geprägt,
auf dass die Ähre erneut austreibe,
die ich mit meinem Wort gesät.
Erkenntnis sollen sie erlangen,
verstehen den verschlüsselten
Botschaftskern,
mit mir hoffen, mit mir bangen,
dass nah ihn`n kommt Distanz und Fern`
Fortführen will ich stetig,
was ich einst mit einem Wort begann,
ehrlich, aufrichtig, fair und flätig,
am liebsten mein ganzes Leben lang.

Einsamkeit

Vergessene Bäume
schreien,
ihrem Geflecht entbehrt,
während das Grün langsam
zu Grau wird,
ohne Gehör zu finden.

Blicke wandern
wie Ästewuchs gen Süden,
wo die Sonne
am höchsten steht und
Freude sprießt
über jeden noch so kleinen Vogel,
der mit seinen Krallen
ihrer Rinde Furchen schlägt.

Die Meisten fliegen vorüber!

Messerworte

Gedanken vorüber,
Wörter verweht,
spärlich gedacht und
zum Marsch befohlen,
keine Grenze,

unaufhaltsamer
Kreuzzug
ohne Sieger.

Fortganglos positioniert

Der Gedanken
zu viele,
der Diskussionen
das Maximum,
aber wer hält denn
das Steuer?

Armeen
auf dem Papier positioniert,
Fahnen
verrückend verschoben,
aber wer malt denn
die Karten?

Möglichkeitenschale ausgeschöpft,
hineinblickend
die Trockenheit erkannt,
aber wer kontrolliert denn
die Quellen?

Fragende Antworten
stagnieren.

83

68 *gebündelt*

Rosen
geöffnet
in Wahrheit,
in Deutschland
Brache!

Vierundzwanzigzwölf

In der Musik des Feuers
spielen Noten wohligen Knisterns
erinnernde Aromen auf,
die in brennender Wehmut
beladene Herzen
zum Leuchten bringen.

Zarte Tannenzweige streicheln
dabei samtig den Schnee
aus dem Gefieder der Häupter
inmitten weißer Landschaft.
Das Licht der tragenden Herzen
dehnt sich aus auf gesenkte Augen,
während gedankenlose Kerzen
der Freundschaft sich entzünden.

Rauch geschwängerter Gewürzaromen
berührt den Duft besungener Tannen
in vermischender Sanftmut,
wie vor einem offenen Kamin,
wo die Wärme der Herzlichkeit
Wangen erröten lässt.

Leise fröstelnd berührt
die Zufriedenheit gefühlvoll
nicht nur den Körper
und Du weißt,
dass die Stunde Gegenwart wird,
während das Herz lächelt.

Abstinenz der Sollbruchstelle

Eine Sekunde zu brechen
scheint ein ungeheuer
leichtes Unterfangen

in der Ebene der Zeit
in elastischer Härte

wie rollende Steine
in den Ecken
der runden Zimmer,
die den Schicksalsaltar
beherbergen.

Aber wer nicht beginnt
die Stelle zu suchen,
wo die Dunkelheit
leuchtend erstrahlt,
für den wird Gold
immer Eisen und
Diamant immer Stein sein,
im Aggregatzustand
nie erfahrener Gefühle,
sitzend in der Ecke eines
der vielen runden Zimmer.

Fundamental

Der Hahn krähte,
zweimal bereits,
als Du den starren Blick
über beide Schultern
rückwärts gewandt
nach unten
senktest.

Doch auch
Wissen von Heute
trüge nichts dazu bei,
die Welten zu begreifen,
während der Hahn
zum dritten Mal
den Schnabel öffnend kräht
und dem Wunsch seiner Augen,
geschlossen zu bleiben,
resignierend nachgibt.

Die Nägel sind
stets geschliffen.

Greifbar

Ungeschriebenes
rinnt gleitend,
gleichsam warmen Sandes,
die Zwischenräume der Finger
zärtlich umschmeichelnd,
von der geschlossenen Handfläche
herunter,
so sehr sich diese
die Masse festzuhalten
anzustrengen vermag,

doch
nur Grobes
ist greifbar.

Einzelne Körner
stehen für Geschichten
oder Gedichte,
in der Masse optisch
kaum unterscheidbar
und doch so fein,
einzeln fast immer

als unbedeutend
unterschätzt,
bis eines sich
in das Auge verirrt,
zum Fremdkörper degradiert
das Herz aber niemals
erreicht.

Aufgeschminkt

Falten schlagende
Augen,
von Schönheit verzerrt
flimmern
unter der Schellenkappe
des bemalten Ichs,
als wenn alles normal wäre,
auf den schattigen Gleisen,
die immer in den aufgewühlten See
der gleichen Bühne führen.

Diese
diabolische Regelmäßigkeit
berstender Bilder
ohne Sonne keimt
in hellstem
anorganischem Weiß
gefächerter Monotonie.

Rosenblut

Rosen,

blutend
halte ich sie
in meinen steinernen Händen,
über deren kantige Struktur
das Rosenblut
fließend rinnt
und eine glänzende Lache bildet,
die das Spiegelbild
in schärfstem Rot
mit Wahrheit konfrontiert,

leider übersehbar,
wie die,
der nächsten Blüte
entgegen strebende,
mit meinem weichen Körper
verbundene Steinhand
anstandslos
belegt.

Griff nach dem Augenblick

Undenkbarer
erloschener Schrei
im träumenden Wind,
haltlos
in einer neuen Ewigkeit.
Richtungen entbehrend,
während die Musik
schweigend aufspielt.

Gebirgsgedanken

Konturen der Berge
vereinzeln
und bleiben doch eins.

Gefaltete Erde
stummen Gesteins
ohne Reihenfolge
beschmeichelt im Zenit
des blaugelben
Sonnenlächelns
stumm ihre eigenen Rätsel.

Anekdoten erzählend,
Organisches überdauernd,
ewig,
aber doch in
der Kraft des Moments
gefangen,

voller Kontur
im Jetzt.

Hoffen

Schatten des Seins
verzehren den
unersättlich
nach mehr verlangenden
Hauch der Möglichkeit
während der Metamorphose
eines Augenblicks
zur Vergangenheit.

Aber,
während sich das
aufgewühlt bewegende Wasser
des Seelenbrunnens,
aus dem ich trinkend schöpfe,
wieder beruhigt,
da erspäht das gepeinigte Ich
sein verzerrtes Spiegelbild
im unruhigen Wasser,
stetig an Schärfe gewinnend.

Solange die Quelle
des Brunnens
nicht versiegt –
Hoffnung.

Schwerste Perspektive

Ich blickte herab,
zu den schreienden Kindern,
einst um mich versammelt.

Ich blickte herab,
zu den weinenden Frauen,
einst mich beschützend wie Krieger.

Ich blickte herab,
zu jenen Zwölfen,
die mich einst in sich aufnahmen,
nun die Wurzel des einen Baumes bilden,
unvollständige Zahl voller Sinn.

Meine Augen senkten sich trübe,
mein Blick ging nach oben,
meine fest positionierten Hände
spürten Eure warmen Wangen,
das Antlitz aller,
von Zeit und Konvention
unbegrenzt frei,
im Licht
des immerwährenden
Augenblicks
meines Seins.

Situationsklang

Martialisch
erlaubt sich die Zeit
ihren Ablauf
in der härtesten Fuge
zu dirigieren
und
das mentale Orchester
vergessend
in lauter Stille
aufzuspielen.

Alles gelassen,
ohne die Herrlichkeit
quälenden Gesangs.

Jahreszeitenwechsel

Makellos
transformiert die Jahreszeit
den eiskalten Klang
dorthin, wo einstmals
musikalische Wärme war.

In sich selbst geschlossen
weicht diese Wärme
aus den Bildern
bis mattestes Grau
keinen Sinn mehr erreicht.

Nach dem War(u)m fragend,
schreiend fragend,
meinst Du
ein Flüstern zu hören,
aber das neue Leben
bleibt nur eine Ahnung
im Grau
des Schweigens.

V. Gedankenworte (2007)

Gespielt auf der Lyra

Frost

Im Kreis des Seins
gesucht,
niemals gefunden,
bis heute,
ohne Auftrieb,
ohne Erwartung
und doch so kalt,
so unsagbar.

Zerbrochen
an der Stille
und doch massiv,
diese schauernde Gestalt
ohne Form,
im Nichts
verschnörkelt.

Zerbrochen im
Gegenwärtigen.

Lyrischer Brei (Rezeptvorschlag)

Lyrische Schalen im Versuch
Gedanken zu schöpfen,
vermischen im Kelch der Worte
flüssige Poesie mit klumpender Syntax.
Zähe Wortmasse,
ungenießbar fremd
im Geschmack, ungewohnte Konsistenz.
Empfindender Augenblick
als wichtigste Zutat
unter vielen.

Lyrischer
Brei.

Augenaufschlag

Beim Versuch
eine Sternschnuppe
mit bloßen Händen
zu fangen,
da verbrannten meine Finger
und mein Herz erfror
schmerzlos.

Monotonie

Gnadenwolken,
über Bergen
mit vernarbten Gesichtern,
blicken von der Ebene
durch mein Fenster und
durch mich,
ohne dass ein Vogel
Notiz nähme.

Keiner kehrt um
im Vorbeiflug,
(wie flüssige Frucht
ohne Eigennutz)
Trost spenden,
während ein Teil
meiner selbst
mitfliegt.

Immer
mehr, stets
gleich,

immer.

Lebensende

Schatten des Abends
lassen den Duft
bunter Blüten
in ihrem Schleier
ergrauen,

alles ohne Reue,
denn die Hand ergreift
das Ich
und hüllt es
in phantastische Seide.

Narbenseele

Mit geschliffener Feder
malst Du kunstvoll
schnell vernarbende Botschaften
auf meine Seele,

ohne Sinn,
gleich einem dunklen Leuchtturm,
wieder und wieder,

aber die Wahrnehmung trübt

jeden Blick
auf zerschellte Schiffe,
der Mast bricht am Ich,

ohne Fortgang,
narbentief.

Schizophreniedifferenz

Innerlich zerrissen,

zersprungen
in Tränensplitter,

gescheiterte Versuche
leidigen Wiederzusammenfügens,

innere Herzbrache,
gerodete Farben
in leerer Manege,

haltloser Griff,
ungehörter Schrei
in wässrig kalter Stille.

Doch außen,
leuchtendstes Bunt.

zeichenlose variation

am licht des augenblicks
bricht die stille
des unwissenden wesens
in glänzender anonymität

entartet

der tausch der veränderung
hüllenlos brennend
ohne sinnfeuer

geborgen

das Ich verändert
gebrannt auf immer.

Verletzt

Dein Herz,
in Form gepresst
und verschlossen
mit steinernem Einheitssiegel,
unlesbar
und doch ohne Namen
Botschaften sprechend,

malt

stumme Buchstaben
in frostige Luft,
die der Wind fortträgt
im grenzenlosen Raum
Deines Du´s.

Winterbeginn

Erfrorenes Feuer,
bedeckt von nassem Laub
mattester Abendsonne,

von dem eisigen Nachtumhang
aus feuchtem Stoff
erstickt,

zwischen verfallenen Bäumen
in modrigem Nebel
auf vernarbter Erde.

Spuren verschwimmen,
verstummen
in zwanghafter Mechanik
der Fortgangs.

Dahier

In verschworener Gemeinschaft
marschierender
opportunistischer Gleichschritt,
gekennzeichnet
in postmoderner Assimilierung
auf Krähenaugenschutz bedachter
Verbalkämpfer.

Ertrinkende Seelen,
bar antidepressiver Emotion,
reglementierend
im pseudofreien Bereich
aus versteckter
autodidaktischer Schutzhaft.

Mars

Vierter zum Zentrum
terrestrischer Peripherie.

Den blutigen Kriegsgottnamen
tragend
das rostrote Schwert mit
Furcht und Schreckensmond
als atmosphärisches Gefolge.

Spekulierbar
die Lebensmöglichkeit
im urbanisierten Paradoxon
des römischen Ares.

Laudatus

Tief blutende Wunden,
gewürzt und nachgesalzen,
vor dem sich realitätsblind
lächelnd abwendenden
Auge der Welt.

Geschundene und gepeinigte
Tiere im menschlichen Körper,
existenzlos
ihrer Würde beraubt
für Privilegien
eines anderen Materialismus.

Schmutz und Dreck
leichenschändend
angestrahlt von
angrenzendem
leuchtendem Luxus.

Steinschleuder gegen Gewehr,
blutige Körper
tretend, die Moral

abgewendet.

Und Gott weint
im eigenen Land.

Petite onze

Melodien
gespielter Lyra
auf fliedernen Wortsaiten,
gehauchte Gedankenminuskel, die
Herzschwelle
betretend.

Zertreten

Barfuß
trittst Du auf Scherben
des zerstörten Spiegels,
der noch immer
Dein Bildnis trägt,

dieses fragmentale Du,
jedes
ein kantiges Parsprototo
Deinerselbst.

Die blutenden Schnitte
am Abgrund
Deiner Sohlen
finden ihr Pendant
auf meinem Herzen.

Winterfedern

Zarte Kristalle
tänzelnd
in leichtem Wind.

Auf langem Weg
flüssig
am Ende.

Immer wieder Neue
schwerelos
in klarer Luft.

Wankender Versuch

Menschliche Kegel,
einzeln
anatomisch aufgehängt,
gemeinsam
in leerer Dreidimensionalität,

platziert einzig
des Umwurfs wegen,
fast ironisch.

Treffsichere Unheilsgeometrie
in gewollt
verfluchtem Rundlauf,

berechenbar,

bleibt einer stehen,
formlos

nachladen,
welch perverse Mär.

Am Abend

Nachblicken,
dem Augenaufschlag
zart gefiederter Möwen,
federleichten Akrobaten, rahmen- &
schrankenlos.

Schweigsam
dem Luftzirkus
zusehen, heimlich neidisch
mit ozeanischen Augen tropfenden
Salzes.

Gedankenverloren
den eigenen
Körper verlassen, sich
zärtlich streichelndem Wind hingeben,
tränentrocken.

Tränengräben

Eingetaucht
in Blut pulsierenden Lebens
zeichnet die zarte Feder
rhythmische Wellenlinien
in den Sand vor mir,

Gräben,
die sich im Regen
mit Tränenwasser füllen,
verlorene Ozeane
ohne Spiegelbild.

VI. Lichtgedanken (2008/2009)

Berührung reiner Federn

Silben

Silben
zartester Wortkörper
niedergeschrieben mit Federkielen,
einst Engelsflügeln sanft entrissen,
tintenlos.

Provokation

Spiegelblick,
erfreulich anders
unklassifizierbar durch Konventionen
aus der Menschenmenge heraustretend
wissentlich.

Entbehrlich

Zeit,
die Störrischste
aller Töchter

opponierend
im Selbstzweck
vermauerten Lichts,

wehrlos
gefesselter Lauf
mit Scheuklappen

gerade
aus.

Unfindbar

In klanglosem Tuch
eingehüllt
frage Ich
nach dem Ergebnis
Deiner Lichtsuche.

Still
blendet mich
Dein Schweigen
im Neonlicht
gefallener Vorhänge.

Leer

Alles genommen,
selbst
vollgeweinte Kissen

Leere Zelle
im verschobenen Rahmen

Trauer regnet hinein
durchnässt die Dochte
der Kerzen

Die Sonne
längst hinuntergeschluckt
von wo sie
immer Weiter brennend
sich nach außen frisst.

Leidenschaft

Getrocknete Saat
kunstvoll
durch verlässliche Hände
individuell und vollendet
zu Formen gebracht

niemals gleichende
Ähnlichkeiten

Leidenschaft entflammt
den Moment
kurzer Glückseligkeit
inhalierend

zu schnell
verbrennen die Finger.

Dörre des Morgengrauens

Viel,
zu viel Milch gemolken
aus den leeren
ausgetrockneten Eutern
einer faden Welt.

Erstickt in Exkrementen
der fleißigen Ich-Schatulle
ohne zu wissen
wann der Morgen graut

Der ungehörte Schrei
werden sichtbar

beinahe

Zur Weihnacht

Ein Staubkorn Freude
zufällig oder bewusst
von Dir
aufgefangen.

Bewahre
dieses Geschenk
in den Händen
ohne dass es fällt,

entflamme es
beschützend
in der hohlen Hand
bevor der Wind
es fortträgt.

Entzündet
vermag es
Hunderte zu wärmen
und deren Tränennässe
zu trocknen

Unentzündet
wärmt es
allein

nicht einmal
Dich.

129

Schreibgefühl

Geordnetes Wissen
mechanisierend aufgereiht
in kunstvoller Stille,
so dass ehrwürdiges
Inventar einen Rahmen

zeichnet

während nur die
Zimmerdecke
stetig näher zu
kommen scheint.

Gefühlter Festsaal
einer einfachen Kammer,
des Denkens niemals müde,

zentriert

die Kreativität
wissender Schönstunden,
während die Tinte
sich fortwährend bemüht
deren Abbild zu schaffen.

Unkonventionell

Ein Baum,
des Blätterwerfens müde,
weigert sich

im beginnenden Winter
nach Schema F zu spielen
so wie es alle machen

vor allem die,
welche die Noten nicht kennen,
geschweige denn des
Lesens mächtig sind,

Hauptsache angepasst
Im botanischen Orchester.

Einsam,
der Tragende unter den Kahlen.

Abgewendet,
die stillen Musikanten.

Im Idealfall erfrieren diese
Im Winter, im Realfall
Nicht.

…

Das überlassen sie dem,
der anders ist.

Seines Andersseins wegen.

Fortlauf

Vergangenes umschließt
festen Griffes
meine bemalte Hülle
bis das Atmen schwerer fällt.

Man zieht mich in die Mitte
heraus aus einem Jetzt
ohne Schlingpflanzen

Und meine Fingernägel
hinterlassen keine Kratzspuren
in der windstillen Luft.

Todesexil

Nichts als Erinnerung,
der Geruch des Waldes
während warmer Wind hindurch weht.

Nichts als Erinnerung,
die Berührung der Blumen
während sie meine Füße zärtlich
umschmeicheln.

Nichts als Erinnerung,
der Augenblick des aufblickenden
Tageslichts,
während meine Pupillen sich sanftmütig
verengen.

Nichts als Erinnerung,
der Geschmack des Meeres,
während feine Tropfen meine Haut
benetzen

Nichts als Erinnerung,
die Stimme meiner Lieben,
während deren melodischer Klang tiefes
Vertrauen schenkt.

Nichts als Erinnerung,
nichts und doch
unendlich viel.

Kälteprozess

Die gesichtslose Masse
weißer
vereinzelter Sterne

Vermischt
in scharfkantiger Kälte

Brennt sich eisig
auf die größte Fläche
menschlicher Organe.

Breitet sich aus.
Alles bedeckend

Während das Auge
trübe wird, im

Innern und Äußern,
derart, als ob es
einen Unterschied ergäbe,

den man vergeblich sucht,

im allumfassenden Weiß
konzentrierter Parallelität.

Trostinjektion

Im Morast
Eines einsamen Gesangs
Musizieren in schönstem Dur
Verzerrte Rufe einer gequälten Stimme,

versuchen Dich an die Hand zu nehmen,
scheinbar hauchend zuerst
Dich zärtlich zu berühren,

beinahe ein streichelndes Ausnutzen
der Klimax innerster Erregung
behutsam gezupfter Saiten,

während ein in der Intensität
fester werdender eingeübter Griff
als krallende Kälte

das hellste Leben bedeckt
und ungreifbare Dunkelheit
den Boden verstummend
einebnet.

Meeresabend

Der alte Mann,

seine traurigen Blicke
irren umher auf der Suche nach Blau
dem Meer entgegen
welches seine Seele verbergend besitzt
und niemals antwortet
in Blicken oder Stimmen
obwohl es doch immerfort
mit ihm spricht.

In den Wellen sieht
er sein Leben,
hört im Wind
die Worte der Liebsten,
empfindet im nassen Sturm
die Leidenschaft vergangener Zeiten,

wie ein alter Kahn

der sich freut
über zurückgeworfene Echos
aus dem Himmel.
Und so lächelt er nach oben,
wissend, dass auch er bald
ein Teil dieses schönen Anblicks

sein wird.

Lichtgriff (Lyrische Prosa?)

Das Hemd wurde mit der Haut des Körpers eins, erreichte einen alles ermangelnden Grad der Unterscheidung und man konnte nicht mehr feststellen ob die Kälte ihren Ursprung außen oder innen hatte. So irrte man umher und konnte in der Anonymität der vielen grauen Gesichter nicht feststellen, wer einem gut und wer einem böse gesinnt war. Unabhängig davon, wäre sowieso der Einfachheit halber davon auszugehen, dass man den zügellosen Gesichtern einfach egal wäre, sofern sie zur Wahrnehmung überhaupt in der Lage wären. Die Schnittmenge des Einfachen mit dem Tatsächlichen ist oftmals größer als die Mehrzahl der Nachdenkenden annehmen.

In dieser Anonymität versucht das Graue an Farbe zu gewinnen und beginnt streckenweise sogar zu leuchten. Und man leuchtet zurück in einem Licht, das auch mit geschlossenen Augen erkennbar ist.

Bedauernswert, das Licht immer nur mit Lichtgeschwindigkeit reisen will und der Griff ins Leere geht.

Über den Autor

Heinz-Peter Heilmann wurde 1977 in Heidelberg geboren und lebt in einer kleinen Stadt in der Nähe seines Geburtsortes. Schon während der Schulzeit faszinierten ihn die Gedichte verschiedener Autoren, was zur Folge hatte, dass er alsbald selbst mit dem Verfassen von Lyrik begann.

Auch während seiner Wehrdienstzeit und seines Universitätsstudiums (Geschichte und Politische Wissenschaft) blieb er diesem musischen Hobby treu und griff öfters zu Feder und Papier.

Im Jahre 2007 veröffentlichte er die erste Auflage des Gedichtbandes *Gedankenworte*, der über die Lyrikszene hinaus sehr gut ankam, seine Werke einem größeren Publikum bekannt machte und sich noch immer wachsender Beliebtheit erfreut.

Nach wie vor schreibt er insbesondere Lyrik oder philosophische gesellschaftskritische Texte mit aktuellem Bezug.

Seit dem Jahre 2009 ist er als Buchhändler, Autor und Verleger selbstständig. Weitere Informationen finden Sie unter www.sinceritas-neckarsteinach.de.

Über das Buch

Dies ist die zweite Auflage des Gedichtbandes *Gedankenworte*, die vom Autor komplett überarbeitet und um zahlreiche neuere unveröffentlichte Werke ergänzt und erweitert wurde.